T0021711

GUÍA DE LAS 30 MEJORES EXPERIENCIAS

ESCRITO POR FABRICE NADJARI Y ZOHAR BENJELLOUN
FOTOS DE ABDELAALI AIT KARROUM
ILUSTRACIONES DE ANNAELLE MYRIAM CHAAIB

EDITORIAL JONGLEZ

Guías de viaje

*“HAY POCAS CIUDADES
EN EL MUNDO QUE TE CAUTIVAN
CON LA MISMA FUERZA Y LA
MISMA MAGIA COMO MARRAKECH.
HAY POCAS CIUDADES Y POCOS
PAÍSES QUE DAN TANTO”.*

PIERRE BERGÉ

LE
PROPHÈTE

¿Cómo atrapar el alma de Marrakech?

Para nosotros, dos enamorados del reino jerifiano, que nos movemos entre Marrakech y nuestros lugares de exilio respectivos, esta pregunta es una de las más bonitas, pero también una de las más difíciles. Hemos explorado todos los lugares de esta ciudad que nos fascina para poder elegir las experiencias que más nos han marcado y sorprendido. De los más de 1000 lugares y experiencias que hemos probado, nos hemos quedado con 30.

La biblioteca privada de Yves St. Laurent, el mejor zumo de naranja de la mítica plaza Jamma El Fna, los riads más bonitos y los mejores restaurantes lejos de las multitudes de turistas, en busca de la alfombra perfecta, una noche en la tienda en el desierto, descubrir un auténtico museo secreto donde todo está en venta...

Lejos del Marrakech tantas veces visto, te proponemos sumergirte en la intimidad de esta extraordinaria ciudad, descubrir sus secretos mejor guardados, vivir las experiencias más insólitas, generosas, intensas... Las que llevaron al escritor y poeta Juan Goytisolo a decir: "Si te dejas seducir por Marrakech, descubrirás que el resto de los lugares del mundo te parecerán aburridos".

Rihlat saeida

¡Buen viaje!

EN ESTA GUÍA **NO VAS A ENCONTRAR**

- El mejor sitio para montar en camello
- Hoteles "todo incluido"
- La técnica para servirte el té con menta
- Consejos para regatear
- Un plan detallado de la medina

EN ESTA GUÍA **VAS A ENCONTRAR**

- El teléfono del mejor anticuario de Marrakech
- Una *playlist* de las mejores canciones marroquíes
- Los garitos favoritos de los artistas locales
- Los rincones ocultos más bonitos y los *riads* con más encanto de la ciudad
- Los lugares favoritos de los marrakechíes en la medina
- El café arábica de tu vida
- El arte de hacer perfume

SÍMBOLOS DE **"SOUL OF MARRAKECH"**

100-300
dirhams

300- 500
dirhams

500 - 2 000
dirhams

Es necesario ir
en coche

Se aconseja reservar
por teléfono

Solo pago
en efectivo

¡Pregunta a gente local!

Los horarios de apertura suelen variar
con frecuencia, consúltalos
en la web del lugar

30 EXPERIENCIAS

01. Los *riads* más bonitos
02. Un mercadillo sorprendente
03. Cita con el arte pop marroquí
04. El prodigio de la *slow fashion*
05. Un jardín diseñado como una obra de arte surrealista
06. Una enigmática biblioteca que abre previa cita
07. Una cita a la hora de los narradores
08. Jabón negro, exfoliación y reconexión con uno mismo
09. Como si fueras Prince
10. El restaurante de mesas amplias
11. Sentirte como un pachá mientras te tomas un moca
12. Art walk en Marrakech
13. En busca de la alfombra perfecta
14. Un remanso de verdor en plena medina
15. Las activistas feministas del cuscús
16. Habitaciones que recordarás toda la vida
17. Crear el perfume de tus sueños
18. El oasis cultural
19. El museo donde todo está a la venta
20. Mil y un tejados: mapa de las azoteas
21. Sumergirse en el Marrakech artístico y de la música electrónica
22. La cantina de Gueliz
23. Tomar algo en un oasis de tranquilidad
24. Made in Marrakech
25. Los tesoros del señor Youssef
26. El mejor zumo de naranja de Jemaa El-Fna
27. El "Picasso" de la medina
28. Una vuelta al mundo gastronómica
29. Especias *on the rocks*
30. Bareto lover

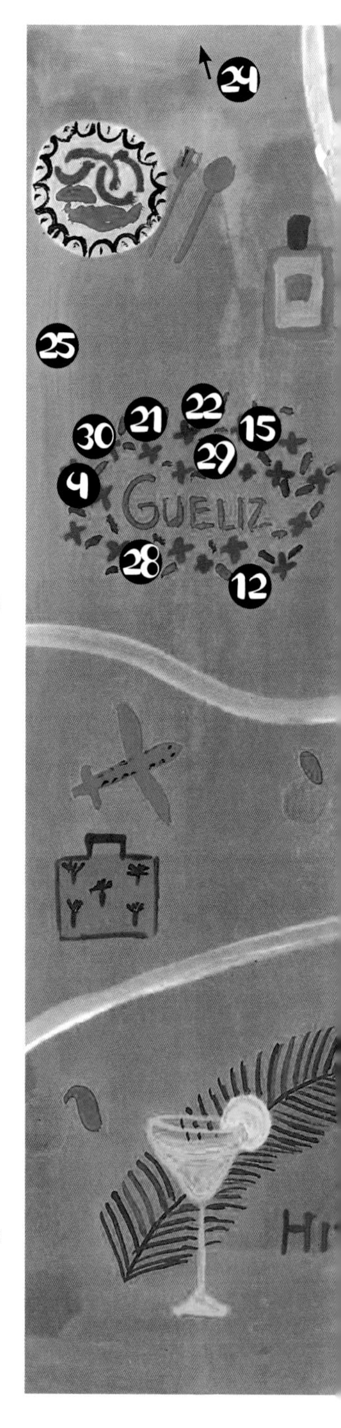

OUED
TENSIF
BAB
EL
KHEMIS
JARDIN
MAJORELLE
PALMERAIE
MEDINA
ATLAS
Souk
KOUTOUBIA
TAXI
1
2
3
5
7
8
9
10
11
14
16
17
18
19
20
23
26
27

LOS *RIADS* MÁS BONITOS

Marrakech cuenta con muchísimos *riads* con encanto. No te asustes, no vas a tener que pasarte horas en internet buscando el lugar perfecto: te hemos seleccionado los mejores sitios.

> **Ksar Char-Bagh: el antiguo palacio andaluz**

Ksar Char-Bagh es un pequeño palacio privado situado en el corazón del espléndido Palmeral de Marrakech. Desde el gran patio morisco, podrás admirar los huertos de cítricos, los olivares y las fuentes que se extienden hasta el infinito en el inmenso parque del hotel. Al anochecer sumérgete en los libros de la biblioteca de arte o visita la antigua sala de fumadores que invita a las confidencias. Un lugar lleno de historia donde cada día es un viaje en sí.

KSAR CHAR-BAGH
DJNAN ABIAD,
LA PALMERAIE B.P. 12478

+212 5243-29244

info@ksarcharbagh.fr
conciergerie@ksarcharbagh.fr
ksarcharbagh.fr

© IGOR DEMBA

> Riad El Fenn: el oasis en la medina

Convertidos en hosteleros un poco por accidente, Vanessa y Howell Branson abrieron El Fenn en 2004 tras sentir un enorme flechazo por este sitio. Dividido en varios *riads*, El Fenn es considerado uno de los hoteles más bonitos de la ciudad: aquí el lujo y la autenticidad armonizan con la perfección. La decoración, los colores, los tejidos y el mobiliario cambian constantemente con la idea de ofrecer una nueva experiencia en cada visita. No te pierdas la impresionante azotea desde la que podrás ver la medina desde esta privilegiada ubicación.

RIAD EL FENN
DERB MOULAY ABDELLAH BEN HEZZIAN,
BAB EL KSOUR

+212 5 24 44 12 20

contact@el-fenn.com
el-fenn.com

> Jnane Tamsna: el jardín secreto del Palmeral

El *riad* de Jnane Tamsna combina la elegante decoración interior de Maryanne Loum-Martin (tan elegante como su hotel) con la serenidad del jardín del que se ocupa su marido botánico, Gary Martin. Una fusión de arquitectura y naturaleza que hacen de este hotel boutique un lugar único en su género, familiar y misterioso, como sus creadores.

JNANE TAMSNA, DOUAR ABIAD
LA PALMERAIE

+212 5 24 32 84 84

requests@jnanetamsna.com
jnanetamsna.com

© JNANE TAMSNA

JNANE TAMSNA

© TARABEL MARRAKECH

> Riad de Tarabel: la villa suspendida en el tiempo

Patios arbolados, ambiente íntimo y aves del paraíso, el tiempo parece haberse detenido en el Riad de Tarabel. Antigua mansión colonial, esta casa de estetas invita al refinamiento y a la calma en un decorado que mezcla con sutileza los vestigios de una arquitectura árabe-andaluza y un estilo Segundo Imperio. Una deliciosa ociosidad como en la época dorada de la ciudad roja. Increíble cocina reservada solo a los huéspedes.

RIAD DE TARABEL
DERB SRAGHNA, QUARTIER DAR EL BACHA
MARRAKECH MÉDINA

+212 5 24 39 17 06

contact@tarabelmarrakech.com
tarabelmarrakech.com

> **Riad Farnatchi: “el original”**

Desde 2004, el Riad Farnatchi ha pasado de ser un pequeño B&B a ser un pequeño hotel de lujo de cinco estrellas. Tiene diez habitaciones, cada cual más suntuosa, un *spa* de gama alta y una de las cocinas más solicitadas de la ciudad. Aquí el sentido del detalle es una filosofía y el bienestar de los invitados un arte de vivir.

+212 5 24 38 49 10
+212 5 24 38 49 12

info@lefarnatchi.com
riadfarnatchi.com

> **Casa Gyla: la romántica**

En medio del triángulo de oro del Palmeral de Marrakech se esconde la enigmática Casa Gyla, una villa árabe-andaluza construida por la arquitecta Jacqueline Foissac y su amante español, el pintor Alejandro Reinio. A la sombra de los cipreses, la casa se encuentra en un exuberante jardín lleno de buganvillas, olivos centenarios y rosales que perfuman alegremente las sendas del parque.

+212 707-785604

> Le jardin Djahane: el secreto de la medina

Djahane, amante venerado del poeta persa Omar Khayyâm, inspiró el nombre de este lujoso *riad* tradicional del siglo XVIII. Cinco *suites* y cuatro jardines paradisíacos invitan a un descanso divino en el corazón de la vieja medina de Marrakech, en el barrio de Bab Aylen. Un auténtico nido de amor donde descansar rodeado de palmeras, tortugas y camaleones que se han adueñado del lugar.

LE JARDIN DJAHANE
32 DERB CAID RASSOU

+212 648508169

lejardindjahane@gmail.com
lejardindjahane.com

> Riad Kniza: la joya de los Bouskri

En el centro de la ciudad vieja, a unas calles de la plaza Jemaa el Fna, se alza el Riad Kniza, una impresionante villa del siglo XVIII que pertenece a la familia Bouskri desde hace más de 200 años. Su heredero, Mohammed Bouskri – ahora famoso anticuario de la ciudad – ha decorado su *riad* con todos los tesoros de Marruecos. En un fabuloso marco, podrás apreciar la calma que reina en este pequeño oasis de lujo.

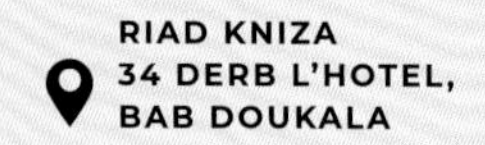

RIAD KNIZA
34 DERB L'HOTEL,
BAB DOUKALA

+212 5 24 37 69 42

riadkniza.com

> Riad Malika: el Riad Panache

En el corazón de uno de los barrios más bonitos de la medina, el de los anticuarios y el del Palacio Dar El Bacha, se esconde el Riad Malika. En un entorno de buganvillas rosas y de naranjos, esta atípica casa burguesa te reserva muchas sorpresas, empezando por las obras de arte y el mobiliario que ponen de manifiesto un marcado gusto por los grandes diseñadores del siglo XX.

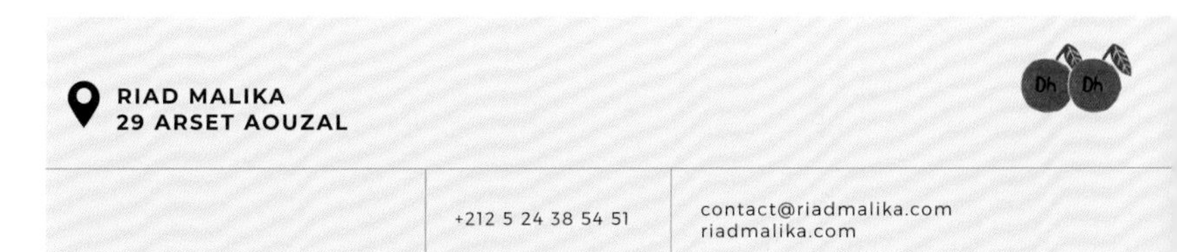

© DOMAINE MALIKA

UN MERCADILLO SORPRENDENTE

Antiguo zoco de ganado, Bab El Khemis se ha convertido con el paso de los años en un enorme mercadillo. En medio de un mar de objetos antiguos, los cazadores de antigüedades encontrarán todo lo que Marrakech puede ofrecer en artesanía. A la vuelta de cualquier calle, también verás anticuarios especializados en la venta de magníficas puertas antiguas de madera, a menudo provenientes de antiguos palacios en ruinas. Todo está, evidentemente, bien organizado para que puedas llevártelo a casa.

Los jueves, día de la llegada de nuevos productos y de las gangas, el ambiente está en su apogeo. Sigue la tradición de los mercados de Marrakech: callejea, hurga y negocia.

BAB EL KHEMIS

SÁB - JUE: 10:00 - 19:00

© KASIA GATKOWSKA

CITA CON **EL ARTE POP MARROQUÍ**

> **Riad Yima: el templo del arte pop marroquí**

Todo está ahí, los colores, los visitantes posando, y posiblemente lo mejor del arte kitsch. Situado detrás de la plaza de las especias, el Riad Yima es como su creador: extravagante y mestizo. Reformada en 2006 por su propietario, el artista Hassan Hajjaj, a quien ya no hace falta presentar, esta antigua casa tradicional, que ha mantenido su título de *riad* aunque ya no sea un hotel, se ha convertido en el santuario del arte pop versión "marrueco-warholiana".

Puedes deambular por la casa, desde la galería de arte hasta el salón de té, dar una vuelta por la tienda o recibir una clase de cocina bereber con el *cordon bleu* de la casa. Un lugar del centro de obligada visita.

TIENDA - SALÓN DE TÉ RIAD YIMA
52 DERB AARJANE RAHBA LAKDIMA MEDINA

TODOS LOS DÍAS: 9:00 - 18:30	+212 5 24 39 19 87	riadyima@yahoo.co.uk contact@riadyima.com

MATELAS LITERIE
SIMMONS
BIEN DORMIR ET MIEUX VIVRE
ORANGE
Crush
BUTAGAZ

HASSAN
HAJJAJ

> **Jajjah: todos los sabores de la cultura pop de Marrakech**

Si te gusta el Riad Yima del artista Hassan Hajjaj, este sitio está hecho para ti. El pionero del arte pop marroquí acaba de abrir un nuevo espacio igual de híbrido y colorido como el primero en el barrio industrial de Sidi Ghanem.

Aquí tienes un salón de té con bebidas de su marca Jajjah, un restaurante que hace honor a los platos de su infancia y evidentemente un espacio expositivo en el que descubrirás sus últimas creaciones.

JAJJAH
141 RAHBA LAKDIMA, PLACE DES ÉPICES, MÉDINA

MAR - DOM: 10:00 - 18:00 | +212 6 73 46 02 09

JAJJAH TEA
ORANGE GREY BLACK TEA
CINNAMON

JAJJAH TEA
HASSAN BREAKFAST
LISTEN, TASTE

EL PRODIGIO **DE LA *SLOW FASHION***

Nacido en Jerusalén, el diseñador Artsi Ifrach aterrizó en Marruecos tras haber vivido entre Tel Aviv, París y Ámsterdam. Bailarín de ballet clásico profesional, este marrakechí de corazón se pasó al mundo de la moda siendo ya adulto. Apasionado del arte, de la historia y de las telas y tejidos, su marca ARTC es un reflejo de su multiculturalidad: rica, colorida y ecléctica. El ritmo lento de Marrakech ha influido en su práctica, convirtiéndolo así en un adepto de la *slow fashion*. Confecciona sus creaciones con tejidos *vintage* comprados en todos los mercados del mundo y sus inspiraciones son tan diversas como sus diarios de viajes. No dejes de visitar su *showroom* en el barrio de Gueliz. Artsi te espera para darte la bienvenida.

MAISON ARTC BY ARTSI IFRACH
MOHAMED EL BEQAL, 96 RÉSIDENCE KELLY, GUÉLIZ

TODOS LOS DÍAS: 11:00 - 18:00

Sólo previa cita en
+212 6 65 03 55 10

info@maisonartc.com
maisonartc.com

أمل

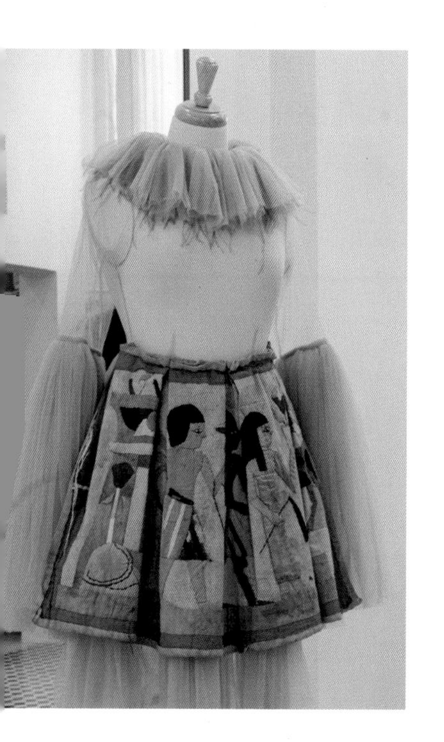

MAISON ARTC

EL JARDÍN DISEÑADO **COMO UNA OBRA DE ARTE SURREALISTA**

¡He aquí un jardín insólito que te encantará subir a tu Instagram! Salpicado de esculturas surrealistas en un laberinto de plantas urticantes, esta decoración botánica es obra del artista austríaco André Heller. A 30 minutos de Marrakech, este jardín del edén africano es una auténtica joya de verdor donde da gusto venir a tomar el aire una tarde.

Tras dar un paseo, pásate a tomar un tentempié por el café Paul Bowles mientras admiras las vistas sobre las montañas del Atlas.

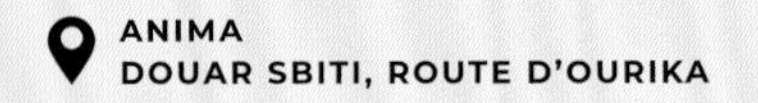

ANIMA
DOUAR SBITI, ROUTE D'OURIKA

TODOS LOS DÍAS: 09:00 - 18:00	+212 5 24 48 20 22 info@anima-garden.com anima-garden.com	Entrada a partir de 6 €, transporte gratuito desde Marrakech con el ticket de acceso

© ANIMA

Mynian.C

UNA ENIGMÁTICA BIBLIOTECA
QUE ABRE PREVIA CITA

La herencia de Yves Saint Laurent en Marrakech es enorme. Además del jardín Majorelle, de la magnífica Villa Oasis y de una increíble colección de arte, el diseñador francés dejó una enigmática biblioteca de investigación en el Museo Yves Saint Laurent. Rebosa de libros raros y abre sus puertas, previa cita, a cualquier curioso que demuestre su interés por estos archivos. Muchas de las obras tratan sobre Marruecos, aunque la biblioteca también cuenta con una colección específica sobre el legendario estilista y la moda. Echa un vistazo al catálogo que está en la web para preparar tu visita.

BIBLIOTHÈQUE DU MUSÉE YVES SAINT LAURENT
RUE YVES ST LAURENT

MIÉ - DOM: 09:00 - 18:00	+212 5242-98686	museeyslmarrakech.com/fr/bibliotheque

UNA CITA **A LA HORA DE LOS NARRADORES**

Algunas de las historias que escucharás aquí son más viejas que la tana. Han cruzado siglos, de boca en boca, hasta llegar al Café Clock, donde los narradores te las contarán. Ven, todos los lunes y jueves a las 19 h, a escuchar estas fábulas tradicionales en inglés o en magrebí que te sumergirán en el folclore marroquí. Si tienes suerte, coincidirás con Hajj Ahmed Ezzarghani, el maestro narrador, que te transportará a otra dimensión espacio-temporal.

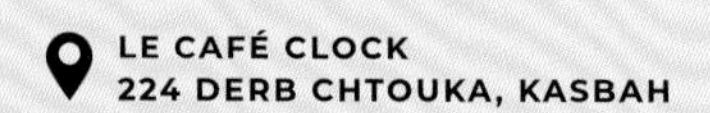

TODOS LOS DÍAS: 09:00 h - 22:00 h Noche de cuentacuentos los lunes y jueves a 19:00	+212 5243-78367	info@cafeclock.com cafeclock.com/visions-stories

EL *TIFINAG*
O LA BELLEZA DEL ALFABETO BEREBER

Esculpidos en la piedra hace casi 3000 años, estos curiosos símbolos geométricos son los restos más antiguos de lo que hoy se conoce como alfabeto *tifinag*, cuyos orígenes siguen siendo tan misteriosos como esta estética casi extraterrestre. Caído en desuso y reintroducido hace 30 años, este alfabeto sigue usándose para escribir el *tamazight*, lengua hablada por las poblaciones bereberes del norte de África.

Los tuaregs, los hombres azules del Sahara, son en la actualidad los únicos berberófonos que han mantenido la práctica de escribir *tifinag*, aunque muchos marroquís hablan *tamazight*. De hecho, más de un cuarto de la población del reino utiliza uno de los tres principales dialectos bereberes del país (el *tarifit*, el *tamazight* y el *tashelhit*). Pero en casi toda África del Norte, donde los bereberes han vivido o siguen viviendo, subsisten muchos otros idiomas como el *nafusi*, el *siwi* o el *zenaga*. El multiculturalismo marroquí es un reflejo de sus milenarias poblaciones: tenaz y mestiza.

#08

JABÓN NEGRO, EXFOLIACIÓN **Y RECONEXIÓN CON UNO MISMO**

Institución secular y ritual de belleza a la oriental, el hamam es una experiencia obligada a descubrir en Marrakech. Si quieres renovarte, regálate una hora o más de enjabonados, exfoliaciones y masajes en este espacio de relajación. Una buena manera de relajarte durante tu viaje en la frenética ciudad marroquí.

> **El hamam de los reyes**

Situado en el hotel de cinco estrellas más pequeño de Marrakech, el *spa* La Sultana es digno de un palacio de *Las mil y una noches*. En esta joya arquitectónica te puedes dar un baño alrededor de un estanque antiguo de mármol rosa. Una dirección de lujo pensada para satisfacer a los más exigentes.

La Sultana Spa – m.lasultanahotels.com

ARGAN

> **El hamam más local**

Recientemente reformada, esta institución de Marrakech ha sabido conservar el caché puramente tradicional de los baños de Oriente. Exfoliación con cristales de sal marina o con azúcar, ritual de envoltura de arcilla Rhassoul o baño perfumado...

Les Bains de Marrakech – lesbainsdemarrakech.com 

> **El hamam de la Medina**

Lavado con jabón negro, exfoliación con especias e hidratación corporal con aceites esenciales... el Hammam de la Rose ofrece cuidados revitalizantes en el corazón de la medina. La oportunidad de tomarte un descanso bien merecido sin alejarte del centro.

Hammam de la Rose – hammamdelarose.com 

> **Para perder la noción del tiempo**

Los secretos de belleza ancestrales del Magreb nunca han estado tan bien guardados como en Les bains de Tarabel. Adyacente al hotel con el mismo nombre, este hamam de ambiente acogedor ofrece un paréntesis de plenitud atemporal. Te recomendamos el baño de pies con sales marinas y esencia de naranja amarga.

Les Bains de Tarabel – lesbainsdetarabel.com 

> **La experiencia del hamam supremo**

Propiedad del rey de Marruecos, el Royal Mansour es uno de los lugares más exclusivos de Marrakech. En el interior, te espera un hamam espectacular y cuidados personalizados que te harán descubrir rituales milenarios de la ciudad roja.

Royal Mansour – royalmansour.com 

#09

COMO SI FUERAS **PRINCE**

En una calle menos frecuentada de la medina, la pequeña tienda de confección a medida Aya's abrió en 2001. Nawal El Hariti, su fundadora, ha alcanzado reconocimiento internacional – el propio Prince fue uno de sus clientes...

Si tienes muy claro lo que quieres, estás en el lugar correcto. Tras una lluvia de ideas, ve al zoco a comprar tela y adornos, y vuelve al taller para hacer las pruebas y para almorzar con la diseñadora. Luego solo tienes que esperar unos días para recibir tu divina ropa.

TIENDA AYA'S MARRAKECH

+212 6 61 46 29 16

ayasmarrakech.com
info@ayasmarrakech.com

EL RESTAURANTE **DE MESAS AMPLIAS**

Es imposible no descubrir Dar Yacout, uno de los restaurantes más cultos de la medina. Ofrece, tanto en su decoración como en su carta, una extraordinaria introducción a la cultura marroquí. Famosa por sus platos tradicionales, esta institución que solo abre para las cenas se ha hecho famosa gracias a algunas especialidades locales: un espectacular pollo con almendras y maravillosas naranjas con canela. Antes de pasar a la mesa, sube a la terraza para admirar la mezquita Kutubía con el atardecer de fondo.

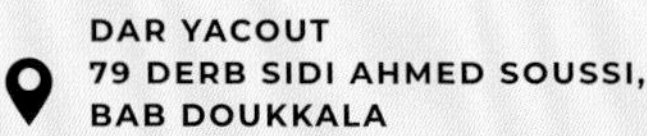

DAR YACOUT
79 DERB SIDI AHMED SOUSSI,
BAB DOUKKALA

+212 5 24 38 29 29
+212 5 24 38 29 00

yacout@menara.ma
daryacout.com

© DAR YACOUT

SENTIRTE COMO UN PACHÁ **MIENTRAS TE TOMAS UN MOCA**

Marrakech, 1910. Colette, Maurice Ravel, Joséphine Baker y Winston Churchill se reúnen en el Palacio Dar el Bacha – "la casa del pachá" – para tomarse un café árabe. Un siglo después, este edificio histórico restaurado, convertido en el Museo de las Confluencias, ha conservado su precioso salón ubicado en un patio interior. Elegimos su café 100 % arábica dependiendo del continente, del tipo de grano y del momento del día.

© BACHA COFFE MARRAKECH - DAR EL BACHA, MUSÉE DES CONFLUENCES

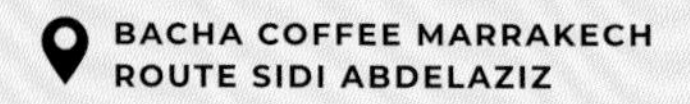

BACHA COFFEE MARRAKECH
ROUTE SIDI ABDELAZIZ

MAR - DOM: 10:00 - 18:00 | +212 5 24 38 12 93

PANAMA

MARVELLOUS MOROCCAN MOKA
MARVELLOUS MOROCCAN MOKA
MARVELLOUS MOROCCAN MOKA

ART WALK
EN MARRAKECH

En el momento en que Marrakech empieza a hacerse un nombre en el mercado del arte internacional, las galerías proliferan en el centro, sobre todo en Gueliz, barrio de moda en el que os hemos preparado un pequeño recorrido cultural.

> **Voice Gallery**

Situado a la salida de la ciudad en la zona industrial de Sidi Ghanem, Voice Gallery es hoy una de las galerías más famosas de la ciudad. Fundada por Rocco Orlacchio en 2011 poco después del inicio de la Primavera Árabe, la galería solo expone a un artista a la vez, sea cual sea el soporte utilizado mientras que la obra plantee un reto, llame la atención y resuene en el visitante.

MAR-SÁB: 10:00 - 18:00	+212 658482800	info@voicegallery.net voicegallery.net

© GALERIE TINDOUF

> **Galería Tindouf**

Fundada en 2007, la galería Tindouf se ha forjado una reputación en el mundo del arte contemporáneo y de las bellas artes. Alberga piezas únicas de artesanos y artistas de renombre, que han sido elegidas con cuidado por su conservador Boubker Temli, que podrá contarte la historia de cada una de ellas.

GALERÍA TINDOUF
22 BOULEVARD MOHAMMED VI

LUN - SÁB: 10:00 - 13:00 / 15:30 - 20:00 | +212 5244 30908 | galerietindouf.com

> Galerie 127

La Galerie 127 abrió sus puertas en 2006 para dedicarse exclusivamente a la fotografía contemporánea marroquí. Primera y única galería de este tipo en Marruecos, ya goza de renombre más allá del Mediterráneo. Si eres amante de la fotografía no dejes de visitarlo.

GALERIE 127
127 AVENUE MOHAMED V, GUÉLIZ

JUE - SÁB: 15:00 - 18:00
o previa cita

+212 5 24 43 26 67

> Comptoir des Mines

Situado en un edificio *art déco* de los años 1930, el Comptoir des Mines forma parte del patrimonio histórico y cultural de Marrakech. Reformado y transformado en centro de arte, se ha convertido en el espacio de referencia para la nueva escena artística marroquí. No dejes de ir, tanto las obras como el edificio merecen mucho la pena.

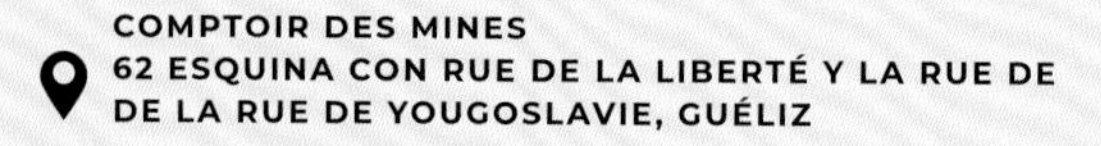

COMPTOIR DES MINES
62 ESQUINA CON RUE DE LA LIBERTÉ Y LA RUE DE DE LA RUE DE YOUGOSLAVIE, GUÉLIZ

+212 6 73 25 76 91

comptoirdesminesgalerie.com

© COMPTOIR DES MINES

© DAVID BLOCH GALLERY

> David Bloch Gallery

Tras abrir primero en Casablanca, el parisino David Bloch inauguró esta galería muy neoyorquina en Marrakech en 2010. Convertida en una de las más distinguidas de Gueliz, su fachada ultramoderna es de lo más llamativa. En cuanto a las exposiciones, a veces llegan hasta la calle...

DAVID BLOCH GALLERY
8 BIS RUE DES VIEUX MARRAKCHIS

MAR - SÁB: 11:00 - 18:00	+212 5 24 45 75 95	instagram.com/davidblochgallery

> Al Maqam

Situada en Tahnaout, a unos treinta kilómetros de Marrakech, esta residencia de artistas creada por el pintor Mohamed Mourabiti es un lugar proteiforme único en Marruecos. Lugar de encuentro de los creativos locales, Al Maqam es también una galería, un café literario y un restaurante, perdido en medio de los olivos.

AL MAQAM
EL MGASSEM, MARRAKECH TENSIFT AL HAOUZ,
42302 TAHANNAOUT

	+212 5244-84002	

EN BUSCA DE LA **ALFOMBRA PERFECTA**

Es imposible mencionar la artesanía marroquí sin hablar de alfombras. En Marrakech, encontrarás cientos de tiendas que venden alfombras más o menos auténticas. Te recomendamos que te des una vuelta por los *showrooms* de Soufiane e Ismaïl Zarib, dos hermanos que llevan las alfombras en las venas. Aquí, nada de vitrinas o escaparates, el negocio funciona gracias al boca a boca. Dentro, cientos de alfombras de las regiones de Beni Ourain, Taznak y Bejaad, expuestas en salones modernos, te despertarán las ganas de reformar tu casa. Seguro que tienen la alfombra de tus sueños.

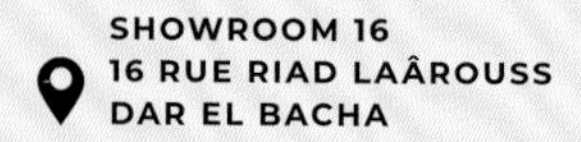

SHOWROOM 16
16 RUE RIAD LAÂROUSS
DAR EL BACHA

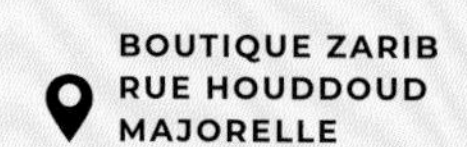

BOUTIQUE ZARIB
RUE HOUDDOUD
MAJORELLE

+212 6 15 28 56 90
+212 6 61 85 34 87

soufiane-zarib.com

ICON

- **Beni Ourain:** alfombra de lana anudada. Casi todas son blancas y negras, los motivos son bastante depurados y representados de manera gráfica.

- **Azilal:** Alfombra de lana anudada. Más cargadas, pueden ser muy coloridas o negras y blancas.

- **Boujad:** Pieza decorativa muy original que equivale a una obra de arte. Algunos modelos requieren meses de trabajo.

- **Boucherouite:** Alfombra fabricada con materiales reciclados como tiras de telas viejas y ropa en patchwork.

- **Beni Mguild:** Fabricada en las montañas del Atlas Medio en Marruecos. Originalmente, estas alfombras se confeccionaban para el invierno y eran apreciadas por su gran capacidad de calentamiento y aislamiento.

- **Kilim:** Alfombras tejidas procedentes del Cercano Oriente y de Asia central según una técnica de más de 10 000 años, hechas con algodón y lana de cabra.

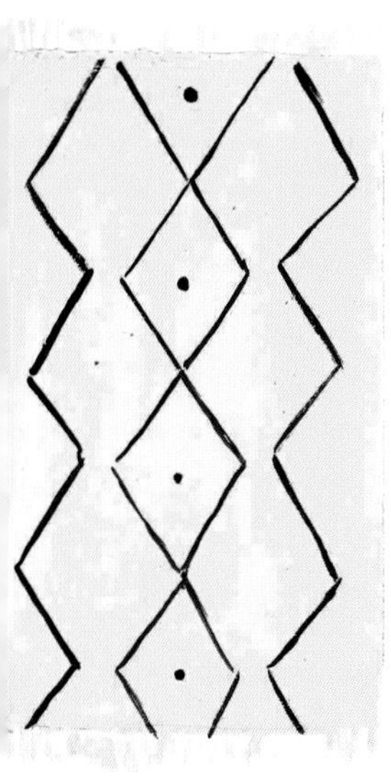

Beni Ourain

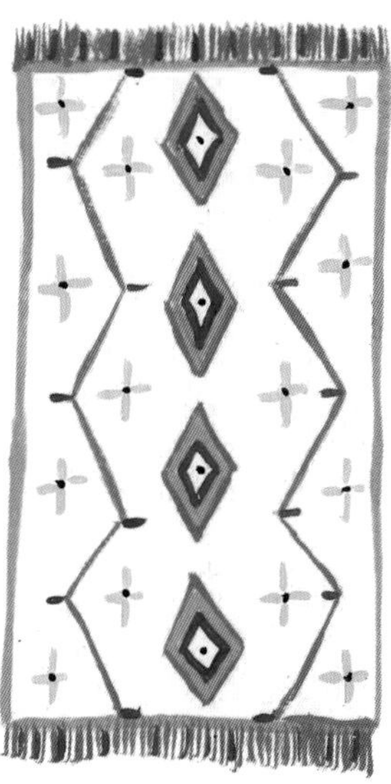

Azilal

Boujad

Boucherouite

Beni Mguild

Kilim

- AMINE BENDRIOUICH -

MODISTA MARROQUÍ

¿Quiénes son tus diseñadores favoritos en Marrakech?

Daniel Oiknine, de Métiers d'hier: un herrero apasionado que vive prácticamente en su taller, siempre creando algo. Era uno de los artesanos favoritos del difunto Pierre Bergé, para quien desarrolló varios diseños. Su universo abarca desde esculturas *steampunk* hasta el mobiliario industrial.

Arzen es una fábrica artesanal impresionante, que creó y dirige Rachid, quien ha llevado la producción artesanal a un nivel jamás alcanzado antes. Cuando ves sus productos de latón, podrías jurar que están cortados con láser, pero en realidad cada operación se hace a mano, con un gesto sencillo a la vez que sofisticado que roza la poesía.

Zakaria Bendriouich es un diseñador de bolsos y uno de los artesanos más progresistas de Marrakech, que disfruta poniendo en equilibrio la artesanía, el diseño y el arte. Tras perder un riñón en un accidente, tiene que beber 5 litros de agua al día... lo que le ha inspirado para crear su bolso Bido bag, un bolso hecho de cuero y trozos de bidones de plástico reciclados. Tras esto ha creado una colección utilizando los mismos métodos y la misma filosofía, y celebridades como Naomi Campbell, por solo citarla a ella, han llevado sus bolsos.

Según tú, ¿qué relación hay entre los artesanos y el arte?

Creo firmemente que la artesanía siempre ha formado parte del arte. En el estilo de vida marroquí, se extendía a todos los aspectos de la vida, fuesen para decorar o para utilizar, desde ropa hasta la arquitectura, etc. La división entre el arte y la artesanía ha sido una consecuencia directa del colonialismo. Los artesanos empezaron a producir solo lo que los occidentales buscaban. Al pintor Majorelle le encargaron crear la primera oficina de artesanía marroquí que oficializó esta separación. Hoy en día, cada vez más artistas contemporáneos se están acercando a la artesanía, y muchos artesanos realizan su trabajo con una perspectiva artística. Solo esto permitirá que la artesanía recupere su verdadera esencia y su estatus original, el del arte vivo.

¿12 horas en Marrakech con alguien a quien intentas impresionar?

09:30 desayuno en la terraza del Shtatto con unas impresionantes vistas de la medina, la ciudad y toda la cadena montañosa. Luego ir de tiendas por sus locales.

11:00 visita a mi tienda Welcome to the kingdom.

11:30 visita al bazar de Moulay Youssef Lamdaghri, el Coffre Mystérieux, y almuerzo aquí mismo, preparado por Maalem Bana. Hay que reservar con un día de antelación, probar el Razzete Bana, un plato de *mhancha* y pastela marroquíes al que añade su toque personal.

13:30 visita al Bazar du Sud. Es de una familia que lanzó su negocio de alfombras en Marrakech en los años 1930 como un acto de resistencia contra la ocupación francesa. Venden las alfombras más auténticas de todo Marruecos.

14:30 visita a la fundación Bellarj. Cualquier cosa que organizan, de música a teatro, del arte al bordado, por lo general, merece la pena.

15:00 visita al Bert Flint Museum. Una de las colecciones más maravillosas de arte marroquí.

15:45 nos vamos hacia la medina por Riad Laarouss souika para ir a la minúscula tienda-taller de M. Mourtaji, uno de mis pintores favoritos de la medina.

16:15 visita a la fundación de Farid Belkahia, uno de los artistas más importantes de la escena marroquí contemporánea.

17:45 vamos a Kabana, lo mejor que le ha podido pasar a la medina en los últimos años. Allí bebes cócteles y comes tapas mientras escuchas buena música, con vistas a la famosa mezquita Kutubía, a los jardines de alrededor y a los vecinos súper tranquis paseando.

19:00 cenar en Dar Simons, una experiencia gastronómica con sutiles influencias marroquíes de la mano de un chef belga joven y con talento. Delicada y divertida, con una historia detrás de cada plato.

21:00 última parada en Mamounia, el legendario palacio. Es difícil elegir entre el piano bar retro y el bar principal del vestíbulo... Pero el palacio se construyó para que el príncipe Moulay Mamoun pudiese disfrutar de la naturaleza, de la música y de la danza con sus seres queridos, y de algún modo, esto se nota en cualquiera de las dos opciones que decidas.

AMINE
BENDRIOUIC

UN REMANSO DE VERDOR EN PLENA MEDINA

En el corazón de una antigua casa del siglo XVI, lejos del tumulto de la medina, el restaurante Le Jardin se alza en medio de un exuberante jardín sobre el que dan terrazas y pequeños salones decorados con mucho gusto. En la carta, una fusión moderna de sabores de Marruecos y de Europa.

Le Jardin, segundo establecimiento creado por Kamal Laftimi (después de Le Café des Épices), también propone deliciosos cócteles cuando cae el día para disfrutar del frescor de este pequeño oasis urbano.

RESTAURANTE LE JARDIN
32 SOUK JELD SIDI ABDELAZIZ

TODOS LOS DÍAS: 11:00 - 23:00 | +212 5 24 37 82 95 | lejardinmarrakech.com

LAS ACTIVISTAS FEMINISTAS **DEL CUSCÚS**

El viernes, ¡cuscús! En cualquier sitio. Cita en uno de los centros de la asociación Amal, dedicada a la emancipación de mujeres desfavorecidas. Gracias a los programas de reinserción, las mujeres divorciadas, viudas, solteras o con hijos a cargo pueden desarrollar sus competencias, sobre todo culinarias. Puedes comer aquí o aún mejor, aprender a cocinar tu plato marroquí favorito en compañía de estas damas. Se recomienda reservar.

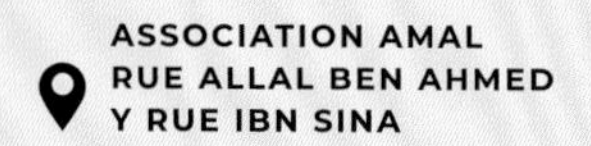

ASSOCIATION AMAL
RUE ALLAL BEN AHMED
Y RUE IBN SINA

TODOS LOS DÍAS:
12:00 - 15:30

+212 5 24 44 68 96
amalnonprofit.org

Para los talleres, reservar en la web
Para más información: +212 5 24 49 37 76

امل
amal

امل
amal

HABITACIONES **QUE RECORDARÁS TODA LA VIDA**

Desde la villa romántica hasta la habitación de huéspedes más autóctona, pasando por el palacio andaluz o el *riad* tradicional, Marrakech está lleno de sitios excepcionales, y a menudo los más increíbles suelen estar fuera de la ciudad. Más que encontrar un techo bajo el que dormir, lo que vas a vivir es una experiencia en lugares insólitos.

> El retiro preciado por los estetas

Esta *kasbah* se instaló a los pies de las montañas en el idílico paisaje del valle del Ourika. A solo 35 minutos de Marrakech, estos alojamientos bereberes *eco-friendly* ofrecen un cambio de aires radical a quienes buscan alejarse un tiempo del caos urbano.

© KASBAH BAB OURIKA

KASBAH BAB OURIKA
VALLÉE OURIKA, TNINE OURIKA
40 kilómetros de Marrakech

Reservas en el +212 668 74 95 47	kasbahbabourika.com	3 noches mínimo, entre 150 € (habitación doble) y 1650 € (villa privada con piscina) la noche

> La escapada campestre

Desde lo alto de la colina donde está situada, la Kasbah Beldi tiene unas vistas impresionantes del desierto y del lago Lalla Takerkoust. A solo 50 minutos de Marrakech, esta antigua granja ofrece un respiro a quien busca escaparse de la ciudad una noche y pasar una noche bajo las estrellas de Marruecos.

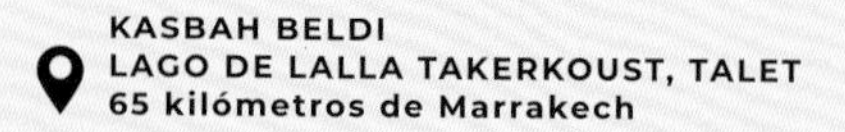

KASBAH BELDI
LAGO DE LALLA TAKERKOUST, TALET
65 kilómetros de Marrakech

+ 212 5 24 38 39 50

contact@kasbahbeldi.com
kasbahbeldi.com

© KASBAH BELDI

© LA PAUSE

> El nuevo nomadismo

Situado en el corazón de las dunas del desierto de Agafay, La Pausa hace honor a su nombre. Aquí, nada de electricidad ni de aire acondicionado, pero sí todo el encanto de una cena a la luz de las velas y de una noche en una tienda de campaña, como los nómadas de antaño.

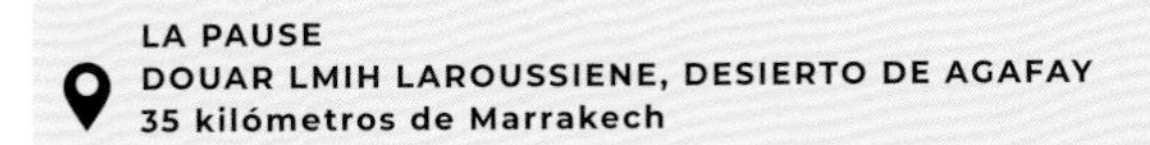

LA PAUSE
DOUAR LMIH LAROUSSIENE, DESIERTO DE AGAFAY
35 kilómetros de Marrakech

Reservas en el
+212 6 10 77 22 40

lapause1@gmail.com
lapause-marrakech.com

> El *glamping* de las arenas

Perdidas en el paisaje lunar del desierto de Agafay, las tiendas de campaña color crudo del Scarabeo Camp desentonan con las majestuosas montañas del Atlas. Sentado delante de un fuego de campamento, creerás ser casi un explorador en tiempos de las primeras expediciones.

© SCARABEO CAMP

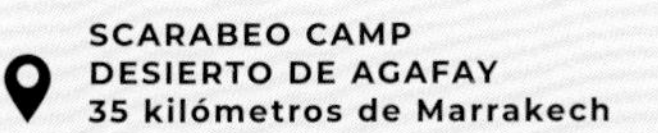

SCARABEO CAMP
DESIERTO DE AGAFAY
35 kilómetros de Marrakech

	+212 6 62 80 08 74	scarabeocamp.com info@scarabeo-camp.com

© DAR EL SADAKA

> El *riad* fuera de lo común

Diseñado por el artista visual Jean-François Fourtou, Dar El Sadaka es una villa realmente imposible de catalogar situada en el corazón del Palmeral de Marrakech, a 20 minutos de la medina. Un oasis de lujo bucólico donde el arte ocupa un lugar destacado. La propiedad al completo, desde la gigante casa donde todos los muebles y objetos han duplicado en tamaño, hasta la casa al revés cuyo techo descansa sobre el suelo, pasando por las habitaciones llenas de esculturas de animales, te invita a descubrir un universo mágico y perturbador. Importante saber que solo se puede alquilar íntegra... ¡ha llegado el momento de avisar a 10 de tus mejores amigos!

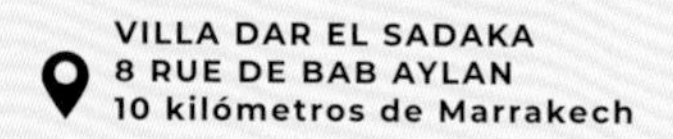

VILLA DAR EL SADAKA
8 RUE DE BAB AYLAN
10 kilómetros de Marrakech

info@darelsadaka.com
darelsadaka.com

Solo disponible para alquilar íntegramente, desde 3400 € la noche, 3 noches mínimo, 20 personas máximo

> El hotel boutique del desierto ▶

Tras 30 minutos en la pequeña Route Provinciale, verás unas pequeñas casas de adobe y *tadelakt*, refugio del arquitecto francosuizo Romain Michel-Ménière. Un lugar de elegancia sencilla donde el único lujo a la vista es una piscina ideal para refrescarte los días en que el ardiente chergui barre las llanuras del Atlas.

BERBER LODGE
DOUAR OUMNES, TAMESLOTH
30 kilómetros de Marrakech

+212 6 62 04 90 43 | hotelberberlodge@gmail.com
berberlodge.net

> La habitación de huéspedes más insólita de Marrakech

Es una comunidad de músicos Gnawa que te recibirá con los brazos abiertos en la medina. Tus días estarán transcurrirán entre visitas guiadas (conocen Marrakech como las palmas de sus manos) y tus noches se moverán al son de sus composiciones musicales... No te fíes de lo que pone en su rudimentario Facebook: si te sientes preparado para vivir como un autóctono en una comunidad de artistas, ¡esta experiencia es para ti!

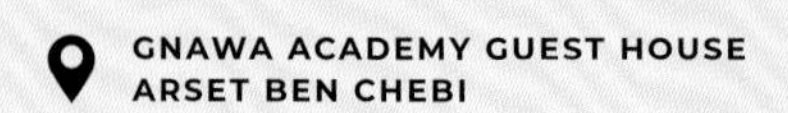

GNAWA ACADEMY GUEST HOUSE
ARSET BEN CHEBI

+212 653-590031 | facebook.com/Gnawa-academy-1893917984226582

BERBER LODGE

Te dejamos una playlist *para que te acompañe durante tus paseos por esta mágica ciudad. Hemos mezclado canciones Gnawa, fantasías minimalistas orientales, sonidos tradicionales y contemporáneos… para nosotros representa la complejidad sonora de Marruecos, entre inmersión musicológica y modernidad electrónica:*
https://tinyurl.com/a66wt4fv

EL SONIDO DE MARRAKECH

Descubrir la música marroquí ya es una razón suficiente para viajar a Marruecos. Su patrimonio musical es de una riqueza infinita, alimentado por siglos de historia, de islamización, de intercambios culturales y de una creación artística intensa. Ritmos endiablados o rapsodias melancólicas, siempre hay un sonido para acompañar los momentos más importantes de la vida y las pequeñas cosas de la vida diaria. Aquí te dejamos una pequeña y somera guía para sumergirte en esta odisea musical.

> Antaño canción triste de los pastores bereberes, el *raï* saltó a los escenarios internacionales en los años 1990 con cantantes como Cheb Mami. Rebelde y moderno, se escucha entre la juventud marroquí.

> Existen muchos estilos de *chaabi* en Marruecos (más o menos tradicionales), pero en cualquier caso es una música de fiesta popular que se suele escuchar en las bodas. Los textos son ligeros y los pasos rítmicos para una *darbuka*, instrumento de percusión fetiche de los músicos *chaabi*.

> La Daqqa Marrakchia es una música ritual y folclórica típica de Marrakech, a caballo entre el encantamiento religioso y el trance africano. Tan frenético como místico.

> Parte fundamental de la espiritualidad musulmana, la música sufí es sagrada. Las hermandades sufistas a veces dan conciertos, y si no, podrás escuchar esta música en el festival Samaâ Marrakech que se celebra en otoño.

> El *malhun* canta prácticamente todos los aspectos y preocupaciones de la vida diaria de los marroquíes. Es un arte espontáneo, poético e intergeneracional que se ha adaptado perfectamente a la vida moderna. Una especie de *slam* popular.

> Ampliamente popularizado por el Festival Gnaoua de Esauira, que se celebra todos los años desde 1997, la música *gnaoua* forma parte del patrimonio inmaterial de la Unesco. En la plaza Jemaâ el-Fna, verás músicos *gnaoua* moverse al ritmo de su *gumbri*, el instrumento de todos sus rituales.

CREAR **EL PERFUME DE TUS SUEÑOS**

Ubicado en un *riad* del siglo XIX en el corazón de la medina, el perfumista Abderrazzak Benchaâbane ha diseñado un lugar dedicado a los aromas marroquíes: el Museo del Perfume.

Desde la destilación hasta el envasado, aprenderás todo lo que hay que saber de este delicado arte mientras deambulas por las salas del museo. Los más valientes podréis incluso iniciaros en la elaboración de perfumes en los talleres de creación, o bien pedir que te preparen tu fragancia favorita en el bar de perfumes. El museo también organiza talleres de despertar olfativo para los niños, algo con que mantenerlos ocupados mientras los mayores se sumergen en esta experiencia sensorial.

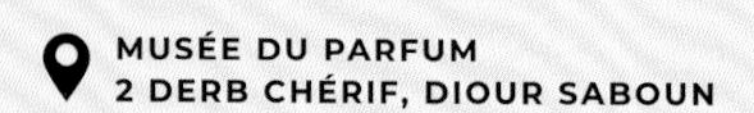

MUSÉE DU PARFUM
2 DERB CHÉRIF, DIOUR SABOUN

+212 5 24 38 74 84
+212 6 61 09 53 52
+212 6 10 40 80 96

museeduparfummarrakech@gmail.com
lemuseeduparfum.com

MUSÉE DU PARFUM MARRAKECH

18
TRiCK 54

#18

EL OASIS
CULTURAL

Fundado en septiembre de 2013 por la brillante Laila Hida (ver entrevista), El 18 es una plataforma independiente de creación, de difusión y de intercambios culturales y artísticos única en Marrakech. Escondida en la medina, este colectivo busca apoyar a los artistas emergentes ofreciéndoles la posibilidad de hacer residencias, así como difundiendo y exponiendo sus trabajos al público. El lugar perfecto para descubrir a los nuevos talentos marrakechíes.

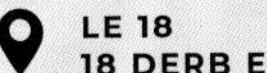

LE 18
18 DERB EL FERRANE, RIAD LAAROUSS

+212 5 24 38 98 64 | le18marrakech@gmail.com

- LAILA HIDA -

CREADORA DEL 18

Cuéntanos más sobre lo que te animó a lanzar el 18, cómo nació y cómo ha seguido creciendo.

Fue una intuición, una intención de hacer y de compartir. El objetivo era tener un espacio para crear con otros artistas, investigadores, comisarios, con el público. El proyecto del 18 se construyó con el tiempo: se parece a las casas informales que suelen tener al principio dos habitaciones y a medida que la familia crece, se construyen más habitaciones y se amplía la vivienda.

La arquitectura de un proyecto cultural para mí es como esta familia que crece y cuyo espacio dialoga con la necesidad de atender necesidades en un contexto determinado.

Aparte del 18, ¿qué otros espacios culturales o instituciones ofrecen un apoyo sólido a los jóvenes artistas de hoy?

Dar Bellarj, en la medina de Marrakech, trabaja con mujeres de la medina y se ha convertido con el tiempo en un mediador esencial para los jóvenes y las familias; On Marche, el festival anual de danza contemporánea que en 2021 acoge la Bienal de Danza Contemporánea Africana, es un proyecto precursor; Jardin Rouge da prioridad a las residencias de jóvenes artistas emergentes locales; L'atelier de l'Observatoire en Casablanca; Think Tangier en Tánger para sus residencias de arte y de investigación, así como talleres y la Cinémathèque de Tanger, de la que me encanta el nuevo proyecto Qisas sobre la escena, la foto y el vídeo.

Estos diez últimos años han sido testigos de un crecimiento significativo de la escena a través de varios proyectos, nuevas residencias, iniciativas de artistas e instituciones que han surgido por todo el país. Las estructuras permanecen, pero han conseguido encontrar sus propios modelos y ecosistemas.

¿Cuál es tu plato favorito de Marrakech?

Si quieres comer bien y rápido con un presupuesto pequeño, el pollo "tanjia y loubia" de Snack Abderrahim en el Boulevard Moulay Rachid es mi favorito. ¡También he empezado hace poco a crear con otras personas la guía definitiva de loubia en Marrakech! Si quieres darte un festín, ve sin dudarlo al +61, en Gueliz, por la sutileza y sencillez de su exquisita cocina australiana con influencias mediterráneas, incluso asiáticas. En la medina, Le Jardin es el sitio más bonito para desayunar. Me gusta este lugar, su color verde y el ambiente tan relajante. Podría pasar horas ahí.

Cita tres de tus lugares favoritos en Marrakech, en todas las categorías.

El Café Imlil en Rue de la Liberté, para tomar mi café y mi zumo de naranja de la mañana. La Maison ARTC, el taller y *showroom* de Artsi Ifrach, un artista con mucho talento y súper creativo. Sabe hacer de todo, desde ropa hasta fotografías pasando por la dirección artística y los libros.

Este lugar es muy inspirador para mí. Y por último las librerías de Bab Doukkala donde puedes encontrar auténticas perlas. Libros, viejas revistas, periódicos locales muy antiguos y fanzines. Mi amigo y artista Noureddine Ezzaraf tiene toda una colección de *Lamalif* que encontró ahí, y que de hecho estoy exponiendo ahora en Dar Belarj.

EL MUSEO DONDE
TODO ESTÁ A LA VENTA

A unos pasos de El Fenn, en esta callecita estrecha que te lleva al corazón de la medina, justo antes del café rojo, entra a la derecha en este palacio de otra época. Todo lo que ves está a la venta. En medio de un laberinto de antigüedades, encontrarás juegos de backgammon antiguos, curiosos tronos de madera maciza, o incluso objetos litúrgicos de pueblos bereberes judaizados que se remontan a antes de las conquistas árabes. Una auténtica caravana de Ali Babá donde el tiempo se ha quedado congelado.

+212 5 24 44 09 31

MIL Y UN TEJADOS: MAPA DE LAS AZOTEAS

Tras deambular largo rato por las estrechas calles de la medina, es bueno tomar un poco de altura al final del día para disfrutar de la puesta de sol. La arquitectura marroquí es propicia para el acondicionamiento de increíbles espacios exteriores y Marrakech tiene innumerables azoteas. Esta es nuestra selección de lugares bien encaramados.

> **Le Shtatto**

Tendrás que subir tres plantas, cruzar la galería de arte y algunas tiendas de creadores para llegar a la magnífica azotea del Shtatto. Desde lo alto de este antiguo *riad*, se puede admirar el bullicioso zoco a los pies del edificio, con un zumo recién exprimido en la mano.

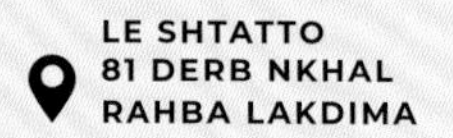

TODOS LOS DÍAS: 09:00 - 23:00

+212 5243-75538

> **L'Mida**

A dos pasos de la plaza de las especias se esconde el restaurante de Omar y Simo, un lugar donde conviven tradiciones marrakchi y el gusto por las cosas sencillas. Este restaurante marroquí de moda también es muy acogedor y uno no tarda en relajarse sobre las grandes banquetas verdes mientras espera la comida.

© L'MIDA

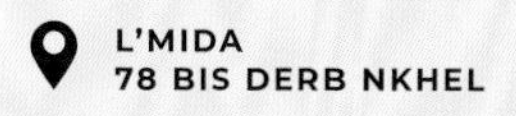

L'MIDA
78 BIS DERB NKHEL

Reservas en el +212 5 24 44 36 62 | lmidamarrakech.com

> Le Kabana

Justo enfrente de la antigua Koutoubia, la azotea más reciente se ha ganado rápidamente la fama del sitio guay y cosmopolita de la medina. Puedes cenar (cocina mediterránea y sushi) o simplemente tomarte un cóctel al ritmo de un *DJ set*.

LE KABANA
1 KISSARIAT BEN KHALED
RUE LALLA FATIMA EZZAHARA R'MILA

TODOS LOS DÍAS: 11:00 - 02:00

kabana-marrakech.com

© LE KABANA

© LE CAFÉ DES ÉPICES

> Le Café des Épices

La combinación cojines bereberes, mesas bajas y vistas a las montañas del Atlas es de lo más irresistible. Este pequeño y conocido café es un *must* si quieres hacer una pausa pasteles y té de menta en el corazón de la medina.

LE CAFÉ DES ÉPICES
75 DERB RAHBA LAKDIMA

TODOS LOS DÍAS: 12:00 - 20:00 | +212 5 24 39 17 70 | contact@cafedesepices.ma cafedesepices.ma

SUMERGIRSE EN EL MARRAKECH ARTÍSTICO Y DE LA MÚSICA ELECTRÓNICA

Drink, Art, Food & Music, es el lema de L'Envers, el único bar de música electrónica de Marrakech. Desde que abrió en 2017, los fiesteros han hecho de él su cuartel general donde bailan al ritmo de los mejores Dj de la ciudad. Lugar artístico por excelencia, L'Envers atrae también a los amantes de la fotografía o del arte callejero que vienen a admirar las exposiciones temporales que cuelgan de los muros. Aquí también se viene para pasar un rato con los amigos y relajarse en un buen ambiente. La clientela es cosmopolita, los cócteles están muy buenos y la comida es deliciosamente casera. ¡Bingo!

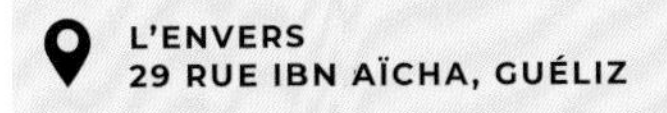

L'ENVERS
29 RUE IBN AÏCHA, GUÉLIZ

TODOS LOS DÍAS: 12:00 - 20:00

lenvers.ma

LA CANTINA
DE GUELIZ

Después de Le Café des Épices, Le Jardin et Le Nomad, el prolífico Kamal Laftimi ha abierto un nuevo local en el centro de Gueliz: Le Kilim – un homenaje a la icónica alfombra marroquí.

La decoración se ha diseñado para aunar modernidad y tradiciones marroquíes, al igual que la carta que ofrece imperdibles tajines marroquís y especialidades de otras partes, según el humor del chef Thomas Roger.

© LE KILIM

TODOS LOS DÍAS: 07:00 - medianoche | +212 5 24 44 69 99 | info@lekilim.com lekilim.com

TOMAR ALGO **EN UN OASIS DE TRANQUILIDAD**

En el magnífico Beldi Country Club, no solo encontrarás un zoco donde comprar una alfombra, cerámica o bordados, sino también, y, sobre todo, un taller en el que podrás ver cómo unos vidrieros en chanclas fabrican las famosas piezas de vidrio soplado a boca. Y ya que estás aquí, aprovecha para dar un paseo por los sublimes jardines e invernaderos del hotel y para almorzar o tomar algo al borde de una de sus magníficas piscinas, en las que incluso te puedes bañar. Es un lugar que viene especialmente bien para escapar un poco del frenesí de la medina, a solo 20 minutos del centro.

© BELDI COUNTRY CLUB MARRAKECH

BELDI COUNTRY CLUB MARRAKECH
KM 6 ROUTE D'AMIZMIZ – CHRIFIA

+212 5243-83950

contact@verrebeldi.com
verrebeldi.com/fabrique

MADE IN
MARRAKECH

El barrio industrial de Sidi Ghanem, situado en la periferia de la ciudad, es una zona artesanal llena de talleres de artistas, de tiendas modernas y de *showrooms* de todo tipo. Un lugar muy animado donde podrás deambular entre las tiendas de decoración y los *concept stores* para llevarte todas las novedades.

> **Marrakshi Life**

Desde 2013, el diseñador neoyorquino Randal Bachner es todo un ejemplo de moda responsable y sostenible. El algodón, importado de Egipto y de Túnez, se teje y se tiñe directamente en los talleres de confección de su marca Marrakshi Life. Aquí, todo se recicla y no se tira nada. Ven a visitar su taller y descubrirás todo los procesos de fabricación, desde la creación del tejido hasta el producto final.

LUN-VIE: 9:00 - 17:00	+212 771-613602	marrakshilife.com

© LRNCE STUDIO

> **LRNCE Studio**

En la tienda de la diseñadora belga Laurence Leenaert no encontrarás más que cosas preciosas como, por ejemplo, cerámicas, cojines, kimonos y bolsos de cuero inspirados en el folclore marroquí, con un toque gráfico especialmente moderno.

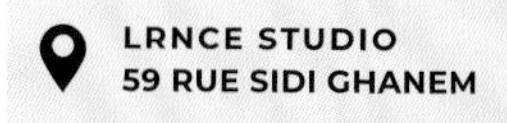

LRNCE STUDIO
59 RUE SIDI GHANEM

lrnce.com
instagram.com/lrnce

> Le Magasin Général

Ventiladores americanos, sofás Chesterfield, baúles de viaje... La lista de los tesoros que encontrarás en Le Magasin Général es larga. Una especie de gabinete de curiosidades en un ambiente de acentos coloniales cuya visita no te puedes perder.

> Unum

Unum es la guarida de los pequeños diseñadores. Este *concept store* multifacético está repleto de objetos únicos y originales: desde ropa hasta perfumería, pasando por preciosas cajas de té. El sitio perfecto para comprar.

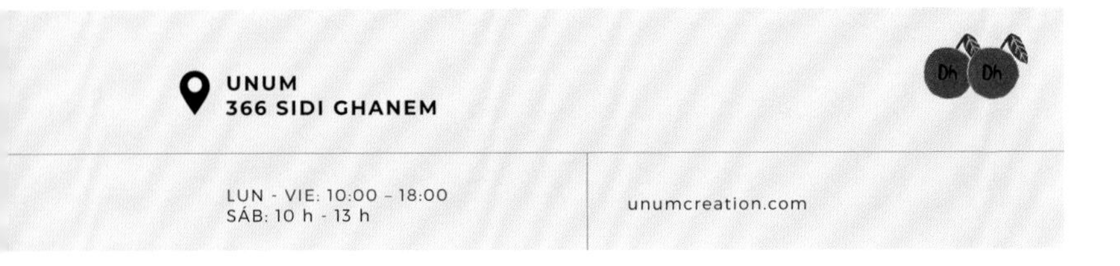

> Galerie Pop

En un gran *loft* blanco, la Galerie Pop congrega a diseñadores, artesanos, comerciantes y artistas tanto marroquíes como extranjeros. Mitad *showroom*, mitad galería de arte, esta tienda artística tiene montones de accesorios, cerámicas y muebles de diseño.

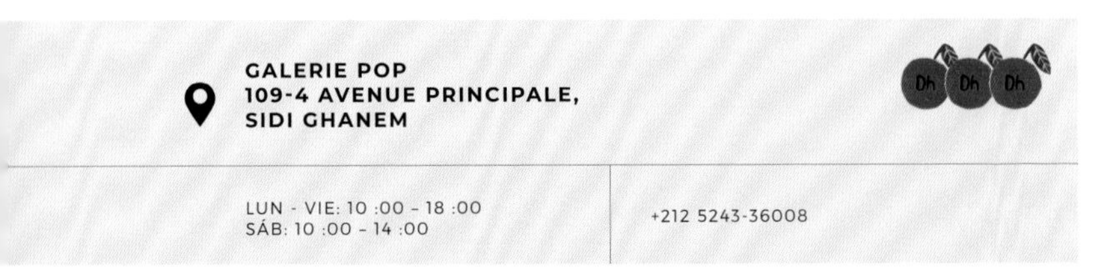

© SOME

> **Some**

Aquí tienes un *concept store* que ha conseguido ser un súper local con mucha elegancia. Desde hace algo más de tres años, esta villa boutique situada en el corazón del barrio de Gueliz trabaja en estrecha colaboración con artesanos marroquíes. Puedes encontrar accesorios, objetos de decoración y mobiliario a personalizar (eliges los acabados). No te olvides de tomarte un café en el jardín antes de irte.

- AMINE KABBAJ -

ARQUITECTO, PRESIDENTE DE LA BIENAL
DE ARTE CONTEMPORÁNEO DE MARRAKECH

Hablas mucho del contexto en el que Marrakech existe, sin el cual no se puede entender bien la importancia histórica de esta ciudad. ¿Cuáles son los lugares históricos que la definen?

El problema para mí es que el centro de Marrakech no basta para definirla. Marrakech también es lo que hay alrededor del núcleo. Es importante porque si solo tienes en cuenta la medina, te desconectas de su historia. Marrakech solo tiene sentido si existe en su contexto.

Y su contexto es el Atlas. Marrakech nació en el Atlas, la primera capital antes de Marrakech fue Agmat, 35 km al sur. Partiendo de ahí, hay que visitar los siguientes lugares: la Jebel Yagour y los grabados rupestres (un viaje en el tiempo al año 5000 a.C.), la mezquita de Tinmel (la fundación del mayor imperio marroquí por los almohades), Agmat (el nacimiento de los almorávides y su conquista de España), el puente del Tensift (una obra de arte a menudo ignorada que tiene más de 900 años, construido por los almorávides), los jardines de Agdal y de la Menara, estanques de agua para los olivos, las murallas, el Jbel Gueliz, el río Oued Issil que cruza Marrakech de este a oeste, la Koubba almorávide, la mezquita Kutubía, el palacio de las personas notables Dar el Bacha, Ksar Bahia, y Dar Si Said, el Palacio El Badi (palacio real que rivaliza con el Palacio de Versalles), las fuentes (donde bebían los animales y los hombres), el barrio de Mellah y las tumbas saadíes que conforman una necrópolis protegida.

¿Cuáles son las novelas que mejor resumen la historia de Marruecos y de Marrakech?

La hermandad de los iluminados de Jacques Attali, *Averroés, o el secretario del diablo* de Gilbert Sinoué. Es imprescindible también leer a Ibn Tufail, mentor de Ibn Rushd o Averroés, que escribió a finales del siglo XII e inspiró el personaje de Robinson Crusoe. También recomiendo encarecidamente leer los artículos de Nabil Mouline, un joven y célebre historiador marroquí, y de Ahmed Toufiq, ministro de Asuntos Islámicos, excelente novelista que ha escrito mucho sobre la historia de Marruecos.

LA GUÍA DE LA MEDINA SEGÚN AMINE KABBAJ

- **Belhaj**: joyas y objetos tradicionales de plata al lado de Bab Fteuh y Foundouq Ouarzazi.
- **Chez Jilali**: al lado de los tintoreros, una tienda de antigüedades genial. Belhaj y Jilali son dos personas muy tradicionales e integradas en lo que hacen y en su oficio.
- **Le Marché Subsaharien**: preciosas telas de África subsahariana, índigo y textiles marfileños y senegaleses.
- **Abdelsakt Ouzid**: junto a la mezquita Mouassine, otro lugar de venta de antigüedades de calidad.
- **L'Atrach**: tienda moderna que vende objetos de plata. Objetos que también se encuentran en La Mamounia.
- **Soumia Kabbaj**: ropa tradicional.
- **Fatim Zahra bel Attar**: todo lo que es "Atria", dátiles, uvas pasas, cacahuetes...
- **Mishi**: una tienda bastante curiosa que vende objetos japo-marroquíes. Artesanía marroquí con un diseño *japonizante* con ropa y objetos únicos en su género.
- **Hamid**: ¡Babuchas originales!
- **Khalid Art Gallery**: el anticuario de lujo de la medina, con 5 o 6 tiendas repartidas entre la medina y el museo Yves Saint Laurent.
- **Pikala**: asociación muy conocida y respetada en la medina, fundada por una holandesa. Ofrecen formación de guía turístico en bici a todos los jóvenes de Marrakech. La bici es solo el pretexto para descubrir la ciudad y permite conocerla de otra manera.

LOS TESOROS
DEL SEÑOR YOUSSEF

Más allá de las puertas de Marrakech, Moulay Youssef es famoso entre los marroquíes amantes de las antigüedades. Los hallazgos de este anticuario de referencia siempre inspiran a quienes les gustan los objetos de segunda mano. Todo el que desea amueblar su casa no puede dejar de hurgar en su sensacional tienda.

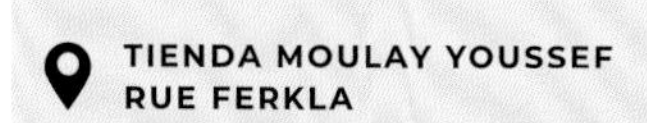

+212 6 68 94 81 15

EL MEJOR ZUMO DE NARANJA
DE JEMAA EL-FNA

Es imposible marcharse de la plaza Jemaa el-Fna sin haber probado un zumo de frutas recién exprimido por alguno de los vendedores ambulantes. Si logras escapar de los encantadores de serpientes y los vendedores de babuchas, ve al puesto 26, nuestro favorito.

Pide un zumo de naranja sin azúcar ni agua añadidas. Si te entra el hambre, ve directamente al puesto de pescado frito o mejor aún, a una de las parrillas, ¡las mejores de la plaza están justo al lado!

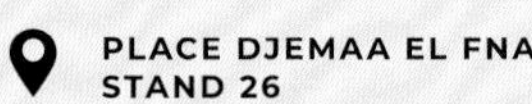

PLACE DJEMAA EL FNA
STAND 26

TODOS LOS DÍAS: 9:00 - medianoche

26
Jus d'Orange
Jus de Citron
Jus de Pamplemousse
Jus Mixte
Jus d'Avocat
Jus de Pomme
Jus de Banane
Jus de Poire
Jus d'Ananas
Jus de Papay
Jus de Fraise
Jus de Mangue

EL "PICASSO" DE LA MEDINA

En el estrecho taller, pero muy vivido, de este viejo pintor marraquechí, encontrarás retratos de todos los reyes que han gobernado en Marruecos, así como algunos iconos como la querida Mona Lisa... Sus obras, un poco surrealistas, ingenuas y conmovedoras son conocidas en toda la medina.

Date una vuelta por este pequeño taller dedicado a la pintura sobre lienzo, sobre tetera y sobre todo lo que puede recibir una pincelada.

UNA VUELTA AL MUNDO **GASTRONÓMICA**

Si eres de los que ya no podrá tragar ni un solo grano más de cuscús tras varios días en Marrakech, esta selección de restaurantes es para ti. Sabores australianos, libanés o vegetarianos y seis lugares para un delicioso descanso y sin concesiones.

> Azar

Humus, falafel, kebbe, tzatziki... Azar es una excelente alternativa libanesa para degustar. El local, que desprende la fragancia de la shisha, es acogedor y se anima a partir de las 22 h cuando actúan las bailarinas orientales. Te da la vida.

AZAR
RUE DE YOUGOSLAVIE
(ESQUINA BOULEVARD HASSAN II), GUÉLIZ

TODOS LOS DÍAS : a partir de las 19:00	+212 5244-30920	contact@azar-marrakech.com azarmarrakech.com

ROYAL MANSOUR

> **Sesamo**

Cruzar la puerta del magnífico restaurante Sesamo es apostar por una teletransportación instantánea a los montes y maravillas de la gastronomía italiana. Prueba el *risotto* al pesto picante o el famoso *capuccino* de calamares. Tan exquisitos como caros.

SESAMO
ROYAL MANSOUR
EL SEBTI, RUE ABOU AL ABBAS

TODOS LOS DÍAS: 12:00 - 15:30 19:00 - 22:00	+212 5248-08282	restauration@royalmansour.ma royalmansour.com/en/dining/ sesamo-marrakesh

> Le Gaïa

Sitio de zumos, tienda *gourmet*, salón de té y tienda de artesanía, este encantador restaurante vegetariano suma gorros de chef sin ningún esfuerzo. La cocina es evocadora, fresca, ecológica y los precios muy correctos.

LE GAÏA
100 RUE MOHAMMED EL BEQAL

LUN - SÁB: 12:00 - 19:30 | +212 770 207030 | gaia-vegetarian-restaurant.business.site

© LE GAÏA

© +61

> **+61**

Sencilla, generosa y relajada, la cocina del chef Andrew Cibej alberga lo mejor de la gastronomía australiana. Sin florituras, pero con mucho sabor.

> **Mandala**

Mandala es un negocio familiar y una historia de amor entre la gastronomía marroquí y la escandinava. Una unión culinaria improbable que aúna lo mejor de las dos culturas, entre cafés 100 % arábica y pescados divinamente ahumados.

MANDALA
159 RUE RIAD ZITOUN EL JDID

+212 80 8534712 | mandalamaroc.com

© MANDALA

> **La Famille**

¡Qué agradable es almorzar a la sombra de las buganvillas en el jardín de La Famille! Veggie, ecológica y ultrafresca, la carta de este pequeño lugar tan "instagrameable" cambia a diario en base a los productos de temporada. ¿La tentación extra? Su tienda con una preciosa selección de objetos y joyas firmados por Stephanie Jewels.

© LA FAMILLE

LA FAMILLE
42 RUE RIAD ZITOUN EL JDID,
AL LADO DEL PALACIO DE LA BAHÍA

LUN - SÁB: 12:00 – 16:00	Reserva obligatoria: +212 5243-85295	instagram.com/la_famille_marrakech

ESPECIAS *ON THE ROCKS*

Tras la enorme B de hierro fundido se esconde una pequeña escalera en cuyo extremo se encuentra uno de los sitios más de moda de Gueliz: Le Baromètre. Decorado como una destilería americana de principios del siglo pasado, el primer bar de mixología de Marruecos te va a embriagar con su ambiente retro y sus increíbles cócteles.

Apoyados en la barra, seguimos el proceso de elaboración de la bebida que hemos pedido, levemente condimentada con especias, hierbas aromáticas, aguas florales y frutas maceradas. Una especie de jardín oriental bebible en un ambiente muy neoyorquino.

BAR LE BAROMÈTRE
RUE MOULAY ALI

LUN - SÁB: 18:30 - 23:00	+212 5243-79012	Inscripción al curso de mixología y más información: inforesa@lebarometre.net

BARETO
LOVER

No se puede opinar sobre la cultura gastronómica de un país si no has comido en sus *bouis-bouis* (baretos). Y en Marrakech hay muchos. No te dejes engañar por sus fachadas, confía en nosotros. Estos son nuestros favoritos:

> **Chez Bejgueni**

Es seguramente uno de los mejores sitios para comer costillas de cordero a la parrilla. El servicio es sencillo, los camareros simpáticos y tratan a los turistas como si fueran locales.
21 rue Ibn Aïcha, Guéliz
Todos los días: 10:00 – 22:00

> **Chez Ouazzani**

Para los amantes de la carne, este pequeño restaurante es un lugar de obligada visita en Gueliz. Los platos son abundantes, llenos de sabores y los precios son asequibles.
12 bis rue Ibn Aïcha, Guéliz
Todos los días: 12:00 – 02:00

> **Al Bahriya**

En este pequeño local de mariscos, los marrakechíes se chupan los dedos desde hace casi 30 años. Elige lo que te apetezca comer en el puesto grande, luego acércate donde cocinan a la parrilla y después a comer.
75 boulevard Moulay Rachid
Todos los días: 11 :45 – 01:00

En la colección *Soul of*, nunca os desvelamos el lugar 31 porque es demasiado confidencial. Te toca a ti encontrarlo.

MOHAMED BARIZ, LA VOZ DE MARRUECOS

Érase una vez Mohamed Bariz, aquel que contaba las historias más bonitas de su país. Con 12 años, ya fascinaba a los transeúntes de la Place Jemaa el Fna, perpetuando un arte que hoy subsiste difícilmente en Marruecos. Cuarenta años más tarde, sigue actuando en los festivales del mundo entero en árabe, francés e inglés, mostrándose como uno de los últimos representantes de esta tradición milenaria de los cuentacuentos callejeros. Lucha en cuerpo y alma para salvar este arte frágil, lo mejor para apoyar su lucha sigue siendo escucharle y dejarle que te recuerde tu alma de niño.

Para conocer esta alma desconocida, investiga en los puestos de la plaza Jemaa el Fna, los vendedores de zumo de naranja te dirán tal vez dónde encontrarlo...

Cuentos en árabe, francés e inglés

AGRADECIMIENTOS

A Fabrice le gustaría dar las gracias a:

ZOHAR por compartir commigo su Marrakech y los bonitos momentos de risas y amistad que hemos vivido allí.

LUCIE por su preciada ayuda con los textos, su constante buen humor y por haber sabido llevar tan bien mis constantes movimientos geográficos y cambios en el calendario.

OKSANA por haber pasado horas y horas buscando mucha información práctica y valiosa.

A TODOS NUESTROS AMIGOS MARRAKECHÍES por su apertura, su generosidad para compartir y su capacidad para hacer que esta ciudad sea un lugar tan rico como complejo.

A Zohar le gustaría dar las gracias a:

FABRICE por invitarme a este proyecto y permitirme redescubrir una ciudad tan cercana a mi corazón y a mi alma.

ABDELAALI AIT KARROUM, nuestro fotógrafo, por su paciencia y por encontrar constantemente maneras creativas de fotografiar la ciudad en medio de una pandemia.

ANNAELLE MYRIAM CHAAIB, alias "Myriam au Citron", nuestra talentosa ilustradora, por su valentía y por aportar color y calor a este libro con su estilo naif con el que describe Marrakech.

A MI MADRE, A LA FAMILIA SLAOUI, A AMINE KABBAJ Y A AMINE BENDRIOUICH por llevarme de la mano por las secretas callejuelas de Marrakech y por sorprenderme cada vez con nuevos descubrimientos que deleitan la vista y con nuevos encuentros que renuevan la fe en la magia del viaje.

Este libro ha visto la luz gracias a:
Fabrice Nadjari et Zohar Benjelloun, autores
Abdelaali Ait Karroum, fotógrafo
Annaelle Myriam Chaaib, ilustradora
Emmanuelle Willard Toulemonde, maquetación
Patricia Peyrelongue, traducción
Anahí Fernández Lencina, corrección de estilo
Lourdes Pozo, revisión de estilo
Clémence Mathé, editora

Escríbenos a contact@soul-of-cities.com
Síguenos en Instagram @soul_of_guides

GRACIAS

En la misma colección

Soul of Atenas

Soul of Barcelona

Soul of Kioto

Soul of Lisbon

Soul of Los Angeles

Soul of Nueva York

Soul of Roma

Soul of Tokyo

Soul of Venecia

Conforme a la ley vigente (Toulouse 14-01-1887), el editor no será responsable de los errores u omisiones involuntarios que puedan aparecer en esta guía, a pesar de nuestra diligencia y las verificaciones por parte del equipo de redacción.
Se prohíbe la reproducción total o parcial de este libro sin la autorización previa del editor.

© JONGLEZ 2022
Depósito legal: Enero 2022 - Edición: 01
ISBN: 978-2-36195-501-4
Impreso en Slovaquia por Polygraf